SIN REFUGIO

POR UN MUNDO MÁS AMABLE CON LOS PERROS

ROB LAIDLAW

loqueleo

ÍNDICE

INTRODUCCIÓN

Cuando llegué a la ciudad, no sabía qué esperar.
Un terremoto había estremecido la región la semana
anterior y había causado graves daños a los pueblos
y las aldeas.

Era 1999, yo formaba parte de un equipo
comisionado por una organización internacional de
protección a los animales. Nos mandaban a entregar
clínicas móviles de asistencia canina a una remota y
damnificada región de Perú. Nuestra tarea era sencilla:
llegar a cada pueblo, informar a sus habitantes sobre
las clínicas, y esperar a que llevaran a sus perros. Pensé
que la gente estaría demasiado ocupada reordenando
su propia vida y que no estaría interesada en la salud
de sus animales.

El primer pueblo se veía como zona de guerra, con
docenas de casas derrumbadas. De pie, junto a los
refugios temporales y tiendas de campaña, la gente
miraba cómo ocupábamos el centro de su pueblo
devastado. Abrimos las puertas traseras de los camiones,
instalamos nuestro equipo, y esperamos, para mi sorpresa,
no por mucho tiempo.

Los perros y sus dueños comenzaron a llegar. Pronto hubo una fila de casi 75 personas con toda clase de perros. Y seguían llegando.

A cada perro lo examinaba cuidadosamente un veterinario y se le ponía una inyección de suero desparasitador. Por fortuna, no hubo lesiones serias: sólo cortadas, arañazos y otras cuestiones menores. Todas las tratamos.

Aunque las personas sufrían aún los efectos de un traumático terremoto, querían asegurarse del bienestar de sus perros. Era evidente que les tenían mucho aprecio.

Los perros también son importantes para mí. Después de años de pedirles uno a mis padres, no lo creía cuando al fin dijeron que sí. Yo tenía doce años y fui a la sociedad protectora local con la idea de llevar a casa un perro chico. En vez de eso, llegué con una cruza de pastor alemán y labrador. ¡Era enorme! Desde entonces, una gran cantidad de perros maravillosos, tanto grandes como chicos, ha sido parte de mi vida. Por muchos años he trabajado activamente en proyectos y campañas para su protección, en Canadá y en todo el mundo.

Puede que conozcas muchas de las razas que son excelentes mascotas. Y probablemente habrás oído de perros trabajadores como los ovejeros, los lazarillos, los perros de terapia, los policía, los guardianes, los cirqueros y hasta los perros de carreras. Pero hay muchas cosas que no sabes acerca de su vida. Por ejemplo, ¿sabías que se calcula que hay unos 500 millones de perros en el mundo, y que una buena parte de ellos son vagabundos? Los has visto en películas, programas de televisión y comerciales, pero, ¿sabes que todavía se usan en experimentos

científicos, se encierran en zoológicos y se crían por su piel y como alimento? Este libro es diferente de casi todos los que tratan sobre perros, porque está hecho para que comprendas lo que realmente es la vida para millones de ellos en todo el mundo.

Pero este trabajo no sólo es acerca de las dificultades que los perros enfrentan. Es también sobre los individuos, los grupos y las organizaciones profesionales que trabajan para ayudarlos. Los llamo "defensores del perro" porque verdaderamente mejoran la vida de estos animales.

Los perros son compañeros asombrosos. Cuando les damos lo que necesitan, nos dan mucho más a cambio y sin condiciones.

Todos ellos deberían ser tratados con bondad, respeto y compasión. Cuando sepas qué tan a menudo se les maltrata, espero que decidas ser también un defensor del perro. Cualquiera puede serlo. Sólo comprométete a ayudar y hazlo. No esperes más. Los perros de todo el mundo cuentan contigo.

ROB

ALGO MÁS QUE UN HUESO

EL PLATO

Los sabuesos poseen un olfato legendario. Con casi 230 millones de receptores sensoriales en la nariz —cuarenta veces más que los humanos— pueden seguir por distancias muy largas un rastro dejado días atrás. La piel floja en la cara del bloodhound, así como sus largas orejas, lo ayudan a recolectar partículas de olor durante el rastreo.

La salud y la felicidad del perro requieren mucho más que un hueso que morder y una perrera donde vivir. Todos los perros deberían tener la posibilidad de usar sus sentidos tan bien desarrollados para explorar el mundo, disfrutar de la vida y convivir de manera natural con otros perros y sus familias humanas.

LOS SÚPER SENTIDOS DEL PERRO

Los perros tienen un increíble sentido del olfato. Cuando olisquean, pueden obtener todo tipo de información importante a partir de señales químicas en la orina, las heces y los rastros de otros perros. Son incluso capaces de descubrir quién estuvo en cierto lugar y cuándo. El olfato les permite rastrear a otros animales, y constituía una gran herramienta cuando eran predadores activos y tenían que cazar para comer.

La excelente visión también es importante para estos animales, sobre todo en condiciones penumbrosas u oscuras, y probablemente era otra adecuación para cazar. Una vez me encontré con un perro que trotaba en una cueva sin iluminación. Yo no veía nada, pero él se desplazaba como en un brillante día soleado. Además, los perros necesitan ver las señales corporales de los otros perros, como cuando menean la cola, erizan los pelos o enseñan los dientes, porque son maneras clave para comunicarse.

También, tienen excelente oído. Muchos sonidos que no alcanzamos a percibir para ellos son tan claros como campanadas. Si bien el ladrido es el más familiar de los sonidos que producen, también gruñen, gimotean, chillan y aúllan. Como solían ser cazadores, un oído agudo les era de gran ayuda para localizar ciertas clases de presas. Les sirve también como herramienta defensiva, porque les permite oír si algo peligroso se aproxima mucho antes de que puedan verlo.

Además de tener súper sentidos, los perros son muy inteligentes. Los de pastoreo, como los pastores australianos, participan en competencias donde realizan tareas de asombrosa complejidad. Sin embargo, no son los únicos perros listos.

Todos los perros —incluidos los viejos— son curiosos y activos. Pueden hacerse más lentos al envejecer, igual que los humanos, pero conservan la capacidad de actuar como jóvenes. Visita un parque donde se les lleve a pasear y podrás ver que perros de todas las edades corren y juegan juntos.

Por naturaleza, viven en jaurías o familias. Son animales tan sociables que necesitan compañía y no deben permanecer solos. Su carácter sociable es la principal razón por la que pueden convertirse en maravillosos miembros de familias humanas.

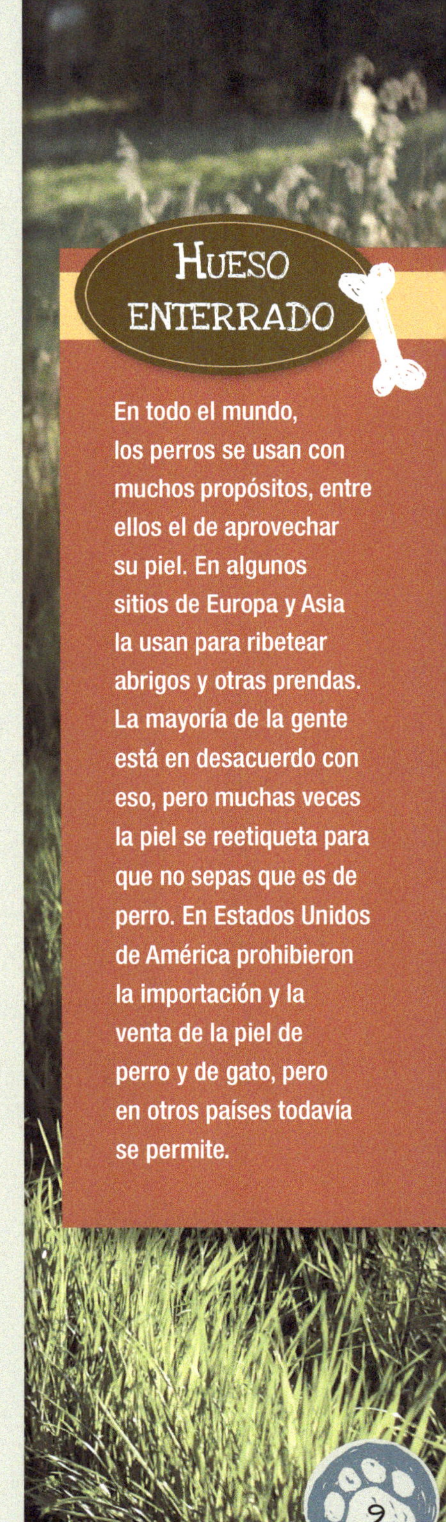

En todo el mundo, los perros se usan con muchos propósitos, entre ellos el de aprovechar su piel. En algunos sitios de Europa y Asia la usan para ribetear abrigos y otras prendas. La mayoría de la gente está en desacuerdo con eso, pero muchas veces la piel se reetiqueta para que no sepas que es de perro. En Estados Unidos de América prohibieron la importación y la venta de la piel de perro y de gato, pero en otros países todavía se permite.

LO QUE TODO PERRO NECESITA

Amistad: Cuando los perros se quedan solos mucho tiempo o cuando se les encadena, se aburren, se sienten solitarios, y pueden desarrollar comportamientos anormales o incluso volverse agresivos. Los perros siempre deben tener compañía; es algo de lo que no pueden prescindir. Pasa con tu mascota todo el tiempo que puedas, porque así harás mucho más interesante y amena su vida.

Recreo: Paseos habituales, carreras y sesiones de juego mejoran la salud del perro y pueden evitar que se aburra, engorde o se vuelva agresivo. Lleva a tu perro al parque, lánzale una pelota o un plato volador, o jueguen al escondite. Es un buen ejercicio y es muy divertido.

Un hogar cómodo: Todo perro necesita un refugio seguro para descansar, esconderse y sentirse protegido. Ninguno debería quedarse a la intemperie en el calor del verano o en el frío del invierno, atado a una perrera o encerrado en ella.

Buena comida y agua fresca: Todos los perros deberían disfrutar diariamente de buena y nutritiva comida, y agua fresca todo el tiempo. La comida para perros puede comprarse en una tienda o prepararse en casa. ¡Incluso puede ser vegetariana!

Cuidado amoroso: Para los perros que forman parte de una familia humana, el baño, el cepillado, el corte de uñas y otras habituales tareas de acicalamiento proporcionan bienestar y buena salud. La vacunación previene enfermedades, y una revisión médica periódica puede detectar problemas de salud antes de que sean graves.

DEFENSORES DEL PERRO

Kayla Levasseur: ayuda a animales sin hogar

Siendo alguien que quiere a los animales y entiende lo que necesitan, Kayla Levasseur pasó mucho tiempo como voluntaria juvenil en la Sociedad Protectora de Animales de Rhode Island, donde paseaba perros y jugaba con gatos. Convencida de que podrían hallarse más hogares si se informaba a más personas

¿QUÉ ES UN PERRO?

Todos los perros domesticados son una sola especie: *Canis familiaris*. Estas dos palabras son el nombre que los científicos que clasifican la vida animal dan a esa especie. Hay cientos de razas caninas diferentes, pero todas, desde el diminuto Chihuahua hasta el gigantesco lebrel irlandés, son de la misma especie.

sobre los animales sin hogar, Kayla elaboró anuncios de aquellos que estaban en adopción. También contactó reporteros de prensa y televisión para involucrarlos, y se reunió con el alcalde. Asimismo, tuvo la oportunidad de hablar con el gobernador Carcieri, quien declaró el 19 de agosto de 2006 National Homeless Animals Day (Día Nacional del Animal sin Hogar). En 2007, la Sociedad Humanitaria de Estados Unidos otorgó a Kayla el título de Kind Kid of the Year (Buena Persona Joven del Año). Después de un nuevo encuentro con el gobernador Carcieri en 2008, éste declaró el 26 de febrero Día Nacional de la Esterilización.

UN MUNDO LLENO DE PERROS

Los perros se encuentran en todas partes, pero nadie sabe cuántos hay realmente. La población canina mundial se calcula en unos 500 millones, incluyendo:

- 40 a 70 millones en Estados Unidos.
- 8 millones en Reino Unido.
- 13 millones en Japón.
- 23 millones en China.

Los perros que los estadounidenses aman como mascotas y compañeros, o los que tienen para que les ayuden en el trabajo, frecuentemente se compran a personas que los crían por afición o como profesión. Los propietarios individuales que permiten a sus perros tener cachorros son otra gran fuente de nuevos canes.

En muchos lugares puedes hallar uno para que sea tu mascota, por ejemplo, en los asilos o con las organizaciones de rescate, o bien en tiendas, ferias y exposiciones, y por medio de los anuncios del periódico o por Internet. También puedes ir con un criador. En Estados Unidos en 2006, 15% de los perros provino de tiendas de mascotas, 29% de criadores, y el resto de otras fuentes.

PERROS SIN HOGAR

¿Sabías que menos de la mitad de los perros vive con humanos? Los otros no tienen amo, y aunque tal vez dependan de las personas para comer, andan por su cuenta y vagan por donde quieren. El número de perros sin amo sube y baja según la disponibilidad de comida y de asilo, de qué tan cálido es el clima, qué enfermedades se hallan presentes en el medio, y qué interacciones hay con la gente.

Muchos perros rescatados necesitan un hogar.

Es dañino que estén enjaulados todo el día.

En estos lugares también hay perros adultos.

FÁBRICAS DE CACHORROS

Si compras tu perro en una tienda, debes saber que es posible que provenga de una fábrica de cachorros, donde se les produce en masa por negocio.

Como esas fábricas buscan producir una gran cantidad de cachorros al menor costo posible, suelen tener a los perros en filas de jaulas estrechas y mugrosas, a veces apiladas unas sobre otras. Con poco o ningún cuidado veterinario, las heridas, las enfermedades y los parásitos se quedan sin atender, y como nadie limpia las jaulas, muchos cachorros sufren. Vivir sobre un área pequeña de alambre, madera o tierra puede generar irritaciones y arañazos en la piel y en las patas. También la falta de ejercicio es dañina para los cachorros de fábrica.

Si se les tiene en interiores, quizá nunca reciben aire fresco ni luz del sol. Y si están afuera todo el tiempo, se ven expuestos al calor extremo del verano y al frío helado del invierno.

Desafortunadamente, puede que los cachorros nunca tengan oportunidad de desarrollarse de forma adecuada o de socializar con la gente o con otros perros. Es posible que tengan problemas de conducta y que se vuelvan asustadizos o violentos.

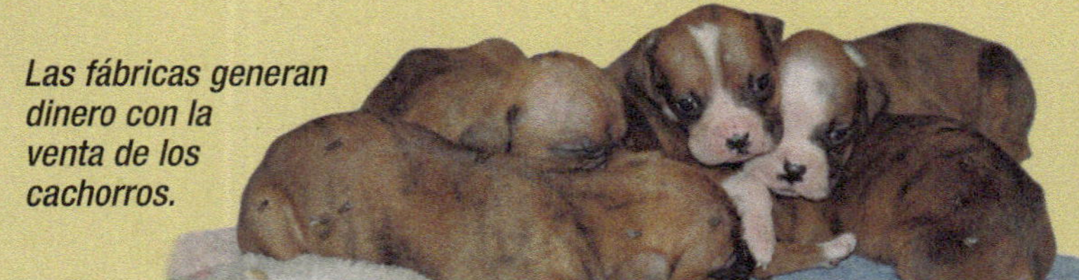

Las fábricas generan dinero con la venta de los cachorros.

Los cachorros viven en condiciones deplorables.

Pueden hallarse fábricas de cachorros en muchas provincias canadienses. Se calcula que en Quebec hay unas 2200 fábricas que venden perros a tiendas de mascotas y a mayoristas que los compran y revenden por todo Canadá. En Estados Unidos existen unas 4000 fábricas de cachorros, y producen alrededor de 500 000 perros por año.

Mientras que los cachorros tienen la posibilidad de abandonar la fábrica, los adultos reproductores no corren con esa suerte. Se quedan allí por siempre, y las hembras son forzadas a producir camada tras camada hasta que sus cuerpos se deterioran; a la larga, se les destruye y se les reemplaza con otras perras.

La mejor manera de acabar con estas fábricas es no comprando cachorros en tiendas de mascotas ni en Internet, pues el vendedor podría trabajar para una fábrica o ser un irresponsable criador de traspatio. Los refugios legítimos y los grupos de rescate canino son la mejor manera de hallar el perro que quieres.

Les resulta incómodo vivir con el pelo sucio y enmarañado.

Los cachorros necesitan a sus madres.

Ellos deberían estar con sus madres hasta el destete.

Un criador responsable les permite ejercitarse y respirar aire fresco.

CRÍA DE PERROS

Siempre es mejor conseguir un perro en un refugio. Sin embargo, a pesar de tantos perros que necesitan un buen hogar, hay gente que prefiere recurrir a los criadores. Es importante que quien lo haga conozca la diferencia entre los malos criadores y los profesionales.

Asegúrate de visitar la casa del criador o el lugar donde tiene a los perros para que sepas si se ven saludables y tienen suficiente espacio para jugar. También es necesario que estén vacunados y, de ser posible, esterilizados. Los perros no deben estar encerrados en jaulas o perreras, y se les debe permitir a los compradores conocer a la mamá de cada cachorro. Asimismo, las madres no deben parir más de una camada al año.

Los criadores profesionales se interesan por saber más sobre ti, dónde va a vivir el perro, qué tan seguido hará ejercicio y qué clase de vida tendrá. Quizás incluso te pidan llenar una solicitud, y si ésta se aprueba, tal vez debas firmar un contrato. Algunos criadores hasta querrán visitar tu casa antes de confiarte un perro.

Es mejor si el criador se especializa en una raza en particular, porque si tiene cachorros de razas diferentes, pueden provenir de una fábrica. Ten cautela y haz muchas preguntas; mantén los ojos, los oídos y la nariz alertas, y podrás saber con qué clase de criador estás tratando.

Si necesitas algún consejo, puedes contactar a los refugios y a las organizaciones de rescate canino de tu localidad. Allí te dirán quiénes son los criadores responsables.

Un criador consciente produce pocos cachorros y trata de encontrar un hogar ideal para ellos.

EL PLATO

En 2010, la ciudad canadiense de Richmond, Columbia Británica, se unió a muchas otras al aprobar una ley que prohíbe la venta de cachorros en tiendas de mascotas. Los concejales dijeron que así se evitará que dichas tiendas compren perros a las fábricas de cachorros y a los criadores no profesionales.

DEFENSORES DEL PERRO

Mone Lidel y Mackenzie Davis: correr la voz acerca de las fábricas

Cuando su grupo de niñas exploradoras visitó un refugio de su localidad, Mone Lidel, de diez años, se sorprendió al ver cuántos animales —especialmente

PERROS HÍBRIDOS

Las fábricas de cachorros a menudo producen perros híbridos o cruzas. Dos de los híbridos más populares en Canadá son los "cockapoos" y los "labradoodles", pero hay muchos más. Por ejemplo, cuando un basset hound se cruza con un bulldog, los cachorros se conocen como "bully bassets", mientras que la cruza entre un bichón de pelo rizado y un toy fox terrier produce "fochons".

perros mayores— necesitaban un hogar. Alguien del refugio le habló del gran número de perros producidos por criadores y fábricas. Más tarde, Mone visitó una tienda de mascotas y preguntó de dónde provenían sus cachorros. Le dijeron que los obtenían de criadores de todo el país. Mone se entristeció de que las tiendas no ayudaran a los perros de los refugios a encontrar hogares y decidió hacer algo. Sabía que éste era un problema tanto local como nacional, así que, con la ayuda de su amiga Mackenzie Davis, inició una petición para crear conciencia en su escuela y su vecindario acerca de las fábricas de cachorros. En sólo unos cuantos días las niñas reunieron un gran número de firmas. ¡Sigan adelante, Mone y Mackenzie!

MUNDO DEL PERRO CALLEJERO

VIDA EN LA CALLE

Los perros sin amo o callejeros se encuentran en los caminos citadinos y rurales de todo el mundo. Mientras que algunos perros callejeros tienen dueños que les permiten correr en libertad o que los dejan sueltos durante el día, los verdaderos perros sin amo viven libres todo el tiempo.

Los perros callejeros habitan en edificios abandonados, lotes baldíos, sitios en construcción y en cualquier otra parte donde encuentren resguardo y una fuente cercana de alimento. Hurgan en los callejones derribando botes de basura y desgarrando bolsas y cajas en busca de comida. Algunos en ocasiones cazan un pájaro, una rata o cualquier otro animal pequeño. Si tienen mucha suerte, alguna persona compasiva les da de comer.

Incluso, los perros sin amo pueden sobrevivir en el campo refugiándose en bosques y en áreas de granjas, y a menudo se alimentan en los tira-

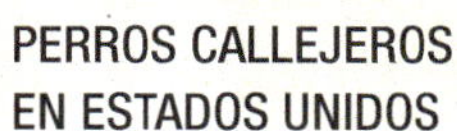

PERROS CALLEJEROS EN ESTADOS UNIDOS

Nadie sabe con certeza cuántos perros callejeros hay en Estados Unidos de América. Según Detroit Dog Rescue puede haber hasta 50 000 perros vagabundos rondando por esa ciudad. También en Los Ángeles Sur, en California, hay una gran población de perros callejeros.

Los perros callejeros son más activos por las mañanas y las tardes, y suelen descansar durante el día.

19

CONTROL CANINO EN PAÍSES DESARROLLADOS

En los países desarrollados, como Estados Unidos y Japón, donde la mayor parte de los perros son mascotas, el propósito del control canino es disminuir el número de perros sin amo, esterilizarlos para impedir que nazcan más cachorros, y educar a la gente sobre el cuidado canino responsable.

CONTROL NATAL CANINO

En zonas con grandes poblaciones de perros sin amo, la esterilización forma parte del programa de control natal animal. La idea es sencilla: los perros se atrapan, se esterilizan y después se sueltan. Si se les expulsa de una zona, otros llegarán. Si se les esteriliza y se les suelta, los perros residentes no podrán tener cachorros, los nuevos no se instalarán, y así será posible reducir gradualmente la población canina.

deros de basura cercanos. La vida callejera puede ser dura para los cachorros. Muchos no sobreviven por la falta de comida, los ataques de otros perros o la inclemencia de la intemperie. Las enfermedades y los automóviles son otras de las grandes amenazas para los cachorros y también para los adultos, así que su vida puede ser breve. Si son considerados un plaga o transmisores de enfermedad, la gente puede tratar de librarse de los perros callejeros persiguiéndolos o exterminándolos.

Pero no todos sufren maltrato. Según Abodh Aras, cabeza de The Welfare of Stray Dogs en Mumbai, India, hay muchos perros callejeros activos y sanos, amados por los residentes de la ciudad. En Bangalore, otra ciudad de la India, vi perros callejeros que siempre se reunían al anochecer frente a una tienda de dulces para recibir una donación diaria. ¡Hasta un perro puede aficionarse a los dulces!

DEFENSORES DEL PERRO
Ayna Agarwal: ayuda a los perros de todo el mundo

Durante un viaje a la India con su familia, la quinceañera Ayna Agarwal vio numerosos perros callejeros que sufrían enfermedades o arrastraban sus patas fracturadas. Parecía que nadie los ayudaba. Cuando regresó a Estados Unidos, Ayna se puso a leer

sobre protección animal y empezó a organizar eventos destinados a recaudar fondos para diferentes organizaciones. No tardó en fundar la suya, enfocada a detener la sobrepoblación animal: Stop Pet Overpopulation Together Globally (SPOT Globally), la cual esteriliza y vacuna perros callejeros, y además alimenta y cuida animales sin hogar en India y otros lugares. La organización ha creado una red de defensores adolescentes en doce países que se propone ayudar a los perros callejeros y reducir la población canina mundial. Pero ayudar directamente a los perros no es suficiente, y Ayna lo sabe. Para llegar a la principal causa del maltrato y el abandono del perro, SPOT Globally también estableció programas educativos en Asia y en Estados Unidos. Actualmente Ayna dirige el campamento de verano Paws and Claws, enfocado a temas de bienestar animal, para niños de tercero a quinto grados de primaria.

EL PLATO

En India muchos de los perros callejeros sin amo son perros parias, también llamados perros indios o primitivos. Paria significa "forastero" o "excluido", y así es como se mira a estos perros, que son adaptables e inteligentes, y que se reconocen en India como una raza antigua.

También hay perros paria en África, Medio Oriente y Norteamérica.

Ayna Agarwal

Ayna Agarwal y Muffy, su perro.

MALOS TRABAJOS PARA PERROS

Los perros han convivido con las personas desde hace mucho. Se han hallado cráneos de perros prehistóricos en cuevas habitadas por humanos hace 30 000 años. En una necrópolis de Alemania se encontraron huesos humanos y caninos con 14 000 años de antigüedad; y en Danger Cave, Estados Unidos, tuvo lugar un entierro canino hace unos 11 000 años.

Perro entrenado para detectar sustancias ilegales.

TRABAJAR DE NUEVE A SEIS

Desde que empezaron a vivir juntos, los perros han trabajado para los humanos. Hace mucho, cuando los perros rondaban a las personas esperando las sobras de su comida, fueron los guardianes que con su ladrido alertaron cuando el peligro se aproximaba. También las ayudaron en la caza y, a partir de que la gente empezó a criar animales, han trabajado como pastores o guardianes de ganado.

Actualmente, se les usa en los aeropuertos para detectar drogas y explosivos; los perros de búsqueda y rescate encuentran a personas sepultadas por avalanchas, y otros encuentran restos humanos en zonas de desastre. Los perros de terapia visitan hospitales donde alegran a los pacientes, mientras que los perros de asistencia auxilian a gente ciega, sorda o discapacitada. Los perros oso de Carelia ayudan a prevenir conflictos entre humanos y osos, y los perros pastores siguen trabajando en todo el mundo.

Quizá muchos perros disfrutan sus trabajos si se les trata bien y se cubren todas sus necesidades. Pero ése no es siempre el caso.

Galgos en la pista de carreras.

ATLETAS FRÁGILES

A toda velocidad, sus cuerpos de músculos ondulantes parecen deslizarse por encima del suelo desafiando la gravedad. Las carreras de galgos pueden ser divertidas para los espectadores, pero, de acuerdo a los grupos de protección canina, no son ninguna diversión para los perros, e incluso pueden ser peligrosas.

Los galgos han sido criados para correr rápido. Pueden alcanzar velocidades de 65 kilómetros por hora en unos cuantos segundos, pero son vulnerables a sufrir lesiones. Dar vueltas por la pista a toda velocidad exige mucho esfuerzo de los perros, y puede causarles daños musculares, fracturas de patas o, incluso, ataques cardiacos.

Para reducir los daños, se han suavizado algunas pistas de superficie dura y se han tomado otras acciones, pero la tensión que causa una carrera no puede evitarse por completo. No sólo es la carrera a toda velocidad lo que preocupa a los grupos de protección canina. Hay preocupaciones mayores.

HUESO ENTERRADO

Algunas personas organizan peleas de perros con el fin de apostar y ganar dinero. Los perros que participan en ellas pueden sufrir heridas serias como cortadas, mordidas, orejas desgarradas, patas rotas o daños peores. El ganador se declara cuando uno de los perros ya no quiere pelear o no puede hacerlo por estar muy herido. La Sociedad Humanitaria de Estados Unidos (HSUS) cree que en el país hay casi 40 000 individuos que se dedican a las peleas de perros.

Durante las carreras usan un bozal para evitar que se muerdan o lastimen entre ellos.

Algunos galgos pasan mucho tiempo enjaulados.

Los galgos son grandes compañeros. No son propensos a enfermedades hereditarias y pueden ser saludables la mayor parte de su vida, aunque tal vez tengan secuelas de sus días como corredores. Muchos grupos de rescate de galgos trabajan por Internet para colocarlos en hogares amorosos.

Los galgos son corredores durante un corto periodo de su vida, y cuando pierden velocidad por los años o las lesiones casi siempre los ponen a dormir. Eso significa que deben reemplazarlos con otros perros.

Según los grupos de protección, se requieren cerca de mil galgos para mantener en operación una pista de perros comercial. La mayoría de ellos son encerrados en pequeñas jaulas fuera de la vista pública, así que pocas personas se dan cuenta de las condiciones en que viven.

En Estados Unidos, las carreras de perros están en declive. Se han prohibido en Maine, Nevada, Pensilvania, Massachusetts y otros estados, y cada año se cierran más pistas. Sin embargo, este tipo de carreras aún son populares en otros países.

Los galgos son considerados como perros poco agresivos y buenos acompañantes. Actualmente los grupos de rescate canino estadounidenses adoptan casi el 60% de los perros que solían correr. Pero aún quedan muchos perros que necesitan ayuda.

CARRERA DE LARGA DISTANCIA

La Iditarod de Alaska es la carrera de trineos más famosa del mundo y recorre 1850 kilómetros. Cada año, compiten equipos con un conductor humano y entre doce y dieciséis perros. Otras carreras de trineos recorren sólo de ocho a dieciséis kilómetros.

Tirar de un trineo puede ser duro para los perros, más en largas distancias. Aunque les guste correr, son susceptibles a la fatiga, a sufrir daños en las patas, cojera, congelamiento o lastimaduras cutáneas por el roce de los arneses.

Aunque cuenta con veterinarios en la ruta y veintisiete puestos de control donde examinan a los perros, la Iditarod tiene un historial importante de heridos y muertos. Grupos de bienestar animal dicen que en promedio, de los casi mil perros que compiten cada año en la carrera, tres mueren, aunque ese número se duplicó en 2009, cuando hubo seis decesos caninos.

Si la Iditarod, una de las carreras de trineos mejor planificadas, tiene problemas, posiblemente las carreras menos profesionales tienen más. Ésa es una razón por la que algunos grupos de protección animal han llamado a poner fin a estas competencias.

También es preocupante cómo suele tenerse a los perros de trineo cuando no entrenan ni compiten. He visto a muchos atados con una cadena corta a perreras de madera, o simplemente encadenados

LA BATALLA CONTRA LAS PELEAS

El futbolista profesional Michael Vick dirigía un negocio ilegal de peleas de perros. En julio de 2007, se le acusó de financiar las peleas, participar en ellas y matar a los perros que ya no le servían. Fue sentenciado a veintitrés meses de cárcel y se le ordenó pagar casi un millón de dólares para el cuidado de los perros que se le decomisaron.

Actualmente Michael Vick ayuda a la Sociedad Humanitaria de EUA en su campaña contra las peleas de perros. Habla a los niños de los barrios pobres acerca de lo crueles que son esas peleas y de por qué no hay que tomar parte en ellas.

25

HUESO ENTERRADO

Para saber si los seres vivos sobrevivirían en el espacio, en la década de 1950, científicos de la Unión Soviética (Rusia) mandaron veintiún perras vagabundas para averiguarlo. Muchas no sobrevivieron al viaje.

REQUISA DE PERRERA

En algunos lugares existen leyes que obligan a los refugios a entregar perros a instituciones de investigación. Esta práctica se llama requisa de perrera, y en muchas zonas está prohibida. Con frecuencia, en donde sigue vigente la ley, los responsables de los refugios se rehúsan a entregar a los perros.

a la intemperie sin protección alguna. En pocos lugares hay reglamentos que regulen el trato a los perros de trineo, así que la mayoría pasa mucho tiempo encadenada.

Aunque los perros de trineo aman correr, nunca habría que pedirles demasiado, y las prácticas abusivas como el encadenamiento prolongado deben terminar. Hasta que eso ocurra, las carreras de trineos seguirán siendo un mal trabajo para muchos perros.

SUJETOS DE EXPERIMENTOS CIENTÍFICOS

Cada año, miles de perros se utilizan en experimentos de instituciones de investigación, de análisis y de enseñanza. Como suelen tenerlos encerrados en jaulas o perreras individuales, pueden sentirse solos y frustrados. Quizá los perros de la ciencia nunca llegarán a disfrutar del aire fresco y la luz del sol, ni vivirán la experiencia de correr y jugar.

Los experimentos en los que se usan pueden ser dolorosos; y aunque un pequeño número de perros será adoptado cuando ya no se necesite, la mayoría será exterminada. Afortunadamente, el número de instituciones que usan perros para pruebas decrece cada año.

Los perros beagle son los más utilizados en experimentos científicos porque son dóciles.

DEFENSORES DEL PERRO
Brittney e Inés: contra las requisas de perrera

Para su curso de Estudio de Medios en el segundo grado de la Escuela Secundaria Alternativa de City View, Toronto, Brittney Johnston e Inés Valente, que toda su vida han amado a los animales, quisieron hacer un proyecto significativo. Tras enterarse de las requisas de perrera, decidieron filmar un documental. Los meses de investigar, escribir, realizar entrevistas, grabar y editar dieron como resultado un convincente video que aboga por poner fin al uso de los perros de refugio en la ciencia: *Pound Seizure: The Ultimate Trust Violation* (Incautaciones de libra: la última violación a la confianza). Además de crear conciencia en su escuela, el video se subió a YouTube y despertó gran interés. Incluso una televisora local entrevistó a las chicas. Ellas continúan trabajando con la esperanza de poner fin a esta práctica cuando más gente sepa de ella.

EL PLATO

Cuando Shannon Keith se enteró de que serían liberados algunos beagles que eran usados en experimentos, inició el Beagle Freedom Project, dedicado a rescatar y hallar hogar a los perros empleados para investigación. De acuerdo con Shannon, mirar cómo un beagle que ha pasado toda su vida en un laboratorio da sus primeros pasos fuera, sobre el césped, es una experiencia maravillosa e indescriptible.

Brittney Johnston e Inés Valente quieren poner fin a la incautación de perros.

Los perros encadenados vienen en todas las formas y tamaños.

Todos necesitan salir a pasear y jugar.

DOLOR DE CADENA

Su hogar era un barril metálico situado en el fondo de un largo patio. Por años tironeó de la cadena de tres metros ceñida a su cuello con un candado. Durante el verano sufría de mucho calor y en el invierno, de frío. Frustrado y solitario, no entendía por qué lo tenían atado. Quería correr y jugar, y ser parte de la familia, pero nadie atendía sus gimoteos ni sus ladridos. Sólo una vez al día tenía contacto con un miembro de la familia: cuando rellenaba su cuenco de agua y le servía un plato de comida. Nunca estaba libre de su cadena.

He visto muchos perros en esta situación. Sus dueños dicen que ya no tienen tiempo para ellos, que sus animales son muy difíciles de manejar, o simplemente perdieron el interés. Sin importar la razón, encadenar a un perro por largos periodos es, a mi parecer, una de las peores formas de maltrato. Es cruel tener a un animal activo y amistoso atado en el mismo lugar por semanas, meses o, incluso, años. Les puede causar problemas físicos y daños psicológicos.

Con frecuencia, la gente se olvida de los perros encadenados. Quizá no reciben agua o comida con regularidad, y tal vez nunca realizan más ejercicio que el que puedan hacer atados a una cadena. Sus cuellos pueden estar en carne viva a causa de collares demasiado ásperos o apretados. Los perros que viven encadenados suelen ladrar constantemente por frustración, soledad o aburrimiento.

Una señal evidente de que un perro permanece encadenado es la marca de tierra desnuda y endurecida que se extiende hasta donde alcanza la cadena.

Atar a perros que son amigables puede enfurecerlos y volverlos peligrosos. Según el doctor Nicholas Dodman, veterinario y experto canino de fama mundial: "Mientras más corta es la cadena, más agresivo puede ser el perro". Los estudios muestran que los perros que atacan y muerden suelen pasar largos periodos encadenados, y la mayor parte de sus víctimas son niños.

Cuando los perros se sienten amenazados suelen huir o pelear, pero si se les encadena todo el tiempo, pueden volverse protectores o territoriales. Verán una amenaza en cualquiera que se acerque demasiado, y como no pueden huir, quizá se sientan forzados a atacar. Si por descuido un niño se acerca mucho o intenta acariciar a uno de estos perros, el resultado puede ser fatal.

Los perros encadenados suelen sentirse solos y tristes.

CON CADENA, NO ES VIDA

Los perros son animales muy sociables que necesitan compañía, un ambiente adecuado, comida nutritiva y mucho ejercicio. Aquellos que viven atados gran parte del tiempo no suelen recibir ninguna de estas cosas. Los dueños responsables no hacen vivir a los perros con una cadena.

UNA CADENA DE PROBLEMAS

Los perros que están encadenados todo el tiempo pueden ser una molestia. Como están solos, aburridos y frustrados, quizá ladren o aúllen mucho. La cadena también puede ocasionar que los perros se vuelvan agresivos y representen un peligro para cualquiera que se acerque. Pero no es culpa del perro, sino de un cuidado indebido.

Ellos necesitan más que una cadena y una perrera.

Debería ser ilegal encadenar perros por largos periodos, y en muchas regiones lo es. Algunos lugares de Estados Unidos como California, Nevada y Virginia Occidental tienen leyes al respecto, y en más de cien ciudades hay reglamentos que prohíben el uso de cadenas o limitan el tiempo que el perro puede pasar atado. Son buenas noticias para los canes, y es mucho más seguro para la gente.

Una caja de madera comprimida no es una casa adecuada.

Ellos deberían ser parte de la familia, no vivir solos en el patio.

CÓMO TENER UN PERRO SIN CADENA

DEJA ENTRAR A TU PERRO

Los perros necesitan ser parte de una jauría o familia. Si tu perro tiene demasiada energía, infórmate sobre algún entrenamiento humanitario y cómo ayudarlo a modificar su conducta.

PON UNA CERCA

Las cercas les proporcionan mayor espacio para andar y ejercitarse.

CONTROL CON LIBERTAD DE MOVIMIENTO

Una correa sujeta a un cable elevado también puede darle al perro oportunidades de correr.

ARREGLA LA CERCA QUE YA TIENES

Hay muchas maneras de adecuar una cerca para impedir que tu perro la salte. Plantar arbustos a lo largo de ésta lo disuadirá de encarrerarse para salir de su espacio.

ESTERILÍZALO

La esterilización reducirá su deseo de vagar, pero no cambiará su personalidad.

LLÉVALO A PASEAR CON REGULARIDAD

Caminar disipará el exceso de energía del perro y mejorará sus modales en la casa.

Los paseos son un excelente y divertido ejercicio para los perros y los humanos.

En algunos paises, para impedir que los perros se alejen de sus propiedades o que ladren demasiado, se usan collares que les dan una descarga eléctrica. Mientras los fabricantes dicen que son útiles y no perjudiciales, la Real Sociedad para la Prevención de la Crueldad con los Animales y el Kennel Club los califica como crueles e innecesarios. Hay quienes opinan que este tipo de collares puede hacer más agresivos a los perros. En 2010, Gales se convirtió en la primera nación del Reino Unido en prohibirlos.

Cómo ayudar a los perros encadenados

Si ves un perro encadenado que está realmente flaco, enfermo o lastimado, o si parecen tenerlo siempre a la intemperie, o si no tiene agua o dónde refugiarse:

- Llama al control animal, la sociedad protectora o el departamento de policía de tu localidad y presenta una queja.

- Vigila el agua, la comida, el lugar y el trato que se le dan al perro. Si no hay mejora o si las cosas empeoran, presenta otra queja.

- Proporciona alguna ayuda con agua y comida, una perrera nueva o juguetes y carnazas. No olvides que los perros encadenados pueden ser peligrosos, así que nunca te les acerques.

- La manera más adecuada de mejorar las vidas de los perros encadenados es buscando que se apruebe una ley anticadenas en tu comunidad.

DEFENSORES DEL PERRO
Presentadora de telenoticias: la Ley Linz

Deborah Linz, presentadora de noticias por televisión, quedó impresionada por la cantidad de perros encadenados que vio cuando se mudó a Charleston,

Virginia del Oeste. Cuando presentó a los perros en las noticias, recibió un gran número de correos electrónicos y cartas de televidentes interesados.

Llevó todos los comentarios recibidos, junto con fotos, videos y desgarradoras historias de perros encadenados, a la ciudad de Charleston. Mostró a los funcionarios citadinos información acerca de cómo estos animales pueden volverse peligrosos, y les pidió prohibir la práctica de encadenar perros. ¡Y la prohibieron!

Después, Deborah llevó más allá su lucha por ayudar a los perros. Pidió una ley antiatadura para todo el condado de Kanawha y fue aprobada porque la consideraron como una medida importante para proteger a los animales. Esta ley restringe la atadura de perros a periodos de quince minutos en un máximo de cuatro veces por día.

Los esfuerzos de Deborah Linz por ayudar a los perros impresionaron tanto al condado de Kanawha que, en su honor, la nueva ley fue llamada Ley Linz.

PROBLEMAS DE PEDIGRÍ

Los perros de pedigrí son perros de raza pura con genealogía conocida. Eso quiere decir que sus padres, abuelos y ancestros están identificados y documentados. Algunas personas consideran que esto demuestra la superioridad de un perro.

PROBLEMAS DE ENDOGAMIA

Cocker spaniel americano: glaucoma (puede producir ceguera).

Gran danés: problemas del esqueleto.

Pug y pekinés: problemas de respiración.

Cavalier king charles spaniel: enfermedad cardiaca.

Bulldog: displasia de cadera (desajuste de los huesos).

Bóxer: epilepsia, enfermedad cardiaca.

Basset hound: artritis.

Dóberman con orejas recortadas.

Bóxer con cola operada.

A menudo, los perros de pedigrí son inscritos en exhibiciones donde se les juzga de acuerdo a una norma racial, es decir, un conjunto de criterios establecidos por clubes caninos, organizaciones de crianza y grupos exhibidores que dicen cómo debería verse cada raza canina. La cabeza angosta de un collie y la cara plana y los ojos saltones de un pug son parte de su norma racial.

Para hacer que los perros tengan una apariencia particular con frecuencia se recurre a la endogamia, un procedimiento contra natura que consiste en el apareamiento de perros que son parientes cercanos. Cuando hermanos y hermanas o padres y vástagos se aparean entre sí, aumenta la posibilidad de que los cachorros tengan el aspecto de los padres, pero esto también puede causar problemas.

Los perros de cruza son a menudo más saludables que los perros de raza pura por no tener antecedentes endogámicos.

CIRUGÍAS EXTRAÑAS

La desvocalización es un procedimiento mediante el cual se extrae parte de las cuerdas vocales del perro. Puede convertir el ladrido en un sonido más bajo y rasposo, como una tos. Los criadores desvocalizan a los perros para que los vecinos no se quejen por el ruido, pero los perros ladran por muchas razones: si están lastimados, adoloridos, asustados, aburridos o se sienten solos. La desvocalización acalla el ruido, pero no se ocupa de la causa del ladrido, y es un procedimiento doloroso y arriesgado. Por ello, lo prohibieron en Reino Unido, y algunas organizaciones trabajan para que esto también ocurra en otras regiones.

Las colas cortas de los bóxer y rottweiler, y las orejas paradas de los dóberman son resultado de procedimientos quirúrgicos llamados corte de cola y recorte de orejas. Cuando eran cachorros, les recortaron la cola o las orejas para que se les enderezaran. Los grupos de protección canina dicen que los procedimientos, especialmente el corte de cola, pueden ser dolorosos, producir infecciones y causar dolor permanente. Muchos países, incluyendo Noruega, Bélgica, Sudáfrica y algunas partes de Australia, han prohibido uno o ambos procedimientos.

DEFENSORES DEL PERRO
Jordan Star: no silencien a los perros

Cuando Jordan Star, de quince años, conoció en un refugio animal de Boston a un perro desvocalizado, la experiencia lo afectó de tal manera que lo llevó a luchar por la prohibición del procedimiento. De acuerdo con Jordan, desvocalizar a un perro es un acto cruel, riesgoso y más común de lo que

---

ES NORMAL QUE LOS PERROS LADREN

Para los perros, ladrar es un método de comunicación primario, una conducta normal. Cuando lo hacen de manera excesiva la gente suele quejarse. La manera más humanitaria y responsable de enfrentar tal problema es recurrir al entrenamiento o a la modificación de conducta, lo cual implica identificar y encarar el verdadero motivo de los ladridos. Modificar de manera permanente, por medio de la cirugía, una conducta canina normal como ésta es una solución cruel del problema.

Jordan Star luchó para prohibir en Massachusetts la desvocalización de los perros.

*La mayoría de las mordeduras
pueden evitarse*

mucha gente piensa. Junto con Coalition to Protect and Rescue Pets presentó una propuesta de ley para prohibir esta cirugía por razones no médicas en Massachusetts. La propuesta se conoció como Ley de Logan en memoria de un perro de exhibición al que desvocalizaron y luego abandonaron. Después de clases, además de investigar acerca del tema, Jordan visitaba a los legisladores para decirles por qué era necesaria una ley. Pese a la oposición, después de dieciséis meses de esfuerzo y con el apoyo de sociedades humanitarias, refugios y veterinarios, el proyecto tuvo éxito.

El 22 de abril de 2010 las cirugías vocales de conveniencia fueron prohibidas en Massachusetts. ¡Qué asombroso logro, Jordan!

DEMASIADAS MORDEDURAS

Cada año, tan sólo en Estados Unidos, se registran hasta 4.5 millones de mordeduras caninas, casi un millón requiere atención médica y la mayoría de las víctimas son niños.

Algunos ataques suceden cuando un perro y su dueño no se entienden bien, o cuando el animal está nervioso, asustado, enfermo o protege algo; si se le ha descuidado, ha sufrido abusos o si lo provocan. También hay riesgo de mordedura cuando un perro vive situaciones que no acostumbra, como estar con otros perros o con personas extrañas.

Las mordeduras y el miedo a la rabia han llevado a muchas comunidades, especialmente aquellas donde han sido atacados niños, a tratar de controlar a los perros sin supervisión, y de reducir o hasta eliminar a los perros callejeros sin amo.

ALGUNAS RAZAS TIENEN MALA FAMA

Mucha gente cree que los pit bull son peligrosos. En el pasado, la gente también pensaba que los bloodhound, dóberman, pastor alemán, chow chow y rottweiler eran peligrosos. En muchas regiones, el temor a razas específicas ha conducido a la Legislación Específica por Raza (LER), leyes que restringen o proscriben ciertas razas caninas.

Muchos dueños de perros argumentan que ninguna raza es más peligrosa que otra, de modo que la LER es objeto de controversia. Sus oponentes señalan que cualquier perro puede morder, y que muchos ataques son culpa de la gente que provoca o maltrata a los perros, que no los acostumbra a socializar, o que es negligente y abusiva.

Dueños malos que maltratan a los pit bull y los usan en peleas de perros han arruinado la reputación de esta raza. Ahora se les considera peligrosos a to-

PROHIBICIÓN DE PERROS PIT BULL

En Ontario, Canadá, perros pit bull atacaron a varios niños. En respuesta, el gobierno de Ontario aprobó una Ley de Responsabilidades de Dueños de Perros según la cual no se podrían criar ni llevar a esa provincia más pit bulls o perros del mismo tipo. Los que ya residían ahí estarían sujetos a ciertas reglas, como usar bozal para salir a la calle. Los amantes de los perros dijeron que la ley era errónea y no resolvería el problema de las mordeduras, porque muchas razas, incluidos los caniche y los labrador, mordían con frecuencia. Aun así, la ley fue aprobada.

En algunos lugares, se prohíben o controlan ciertas razas.

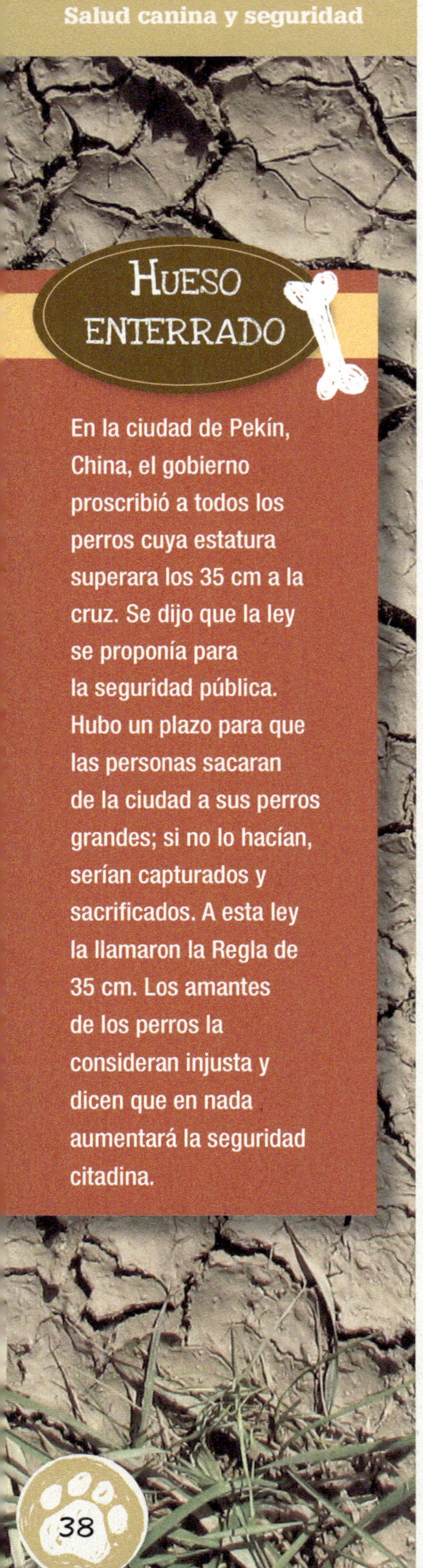

HUESO ENTERRADO

En la ciudad de Pekín, China, el gobierno proscribió a todos los perros cuya estatura superara los 35 cm a la cruz. Se dijo que la ley se proponía para la seguridad pública. Hubo un plazo para que las personas sacaran de la ciudad a sus perros grandes; si no lo hacían, serían capturados y sacrificados. A esta ley la llamaron la Regla de 35 cm. Los amantes de los perros la consideran injusta y dicen que en nada aumentará la seguridad citadina.

dos, pero los pit bull no nacen agresivos. De hecho, solían considerarse buenos perros para niños y se les llamaba "perros nana".

La mejor manera de ocuparse de los perros peligrosos es animar a las personas a volverse amos responsables e informados. También serían de ayuda leyes estrictas de bienestar canino ejecutadas puntualmente, con severos castigos para quienes las rompan.

DEFENSORES DEL PERRO
Habitat for Hounds y Graffiti Doghouse Build

Habitat for Hounds reúne a niños y adolescentes para construir casas para perros necesitados. El grupo lo inició Ursula Coyote después de encontrarse un perro sin asilo junto al club juvenil Hands Across Cultures en Española, Nuevo México. Junto con su socia Jo Cady, organizó la Graffiti Doghouse Build, una actividad donde 37 adolescentes ayudaron a construir siete perreras que se distribuyeron entre perros sin hogar de la zona.

Cada perrera se decoró con un *graffiti* elaborado por los jóvenes de la localidad. Desde esa ocasión, el grupo ha organizado otros talleres y ha distribuido muchas perreras. Varios de los adolescentes también colaboran con la producción y la filmación de documentales relacionados con los talleres. Participar en construir perreras ayuda a los perros; además, la experiencia tiene un impacto positivo en todos los que se involucran. ¡Qué gran proyecto para todo el mundo! Esperemos que se difunda.

Niños y jóvenes construyen casas para perros sin refugio.

REFUGIOS Y LUGARES SEGUROS

Ellos esperan ser adoptados.

En los refugios hay perros mestizos y de raza pura.

PRIMEROS REFUGIOS DE PERROS EN NORTEAMÉRICA

En Estados Unidos de América, la Sociedad Americana para la Prevención de la Crueldad hacia los Animales (SAPCA), fundada en 1866 por Henry Bergh, fue el primer grupo organizado de protección animal.

El trabajo de la SAPCA dio como resultado la primera ley de protección animal que se aprobó en el país, y en ella Henry Bergh inició sus incansables esfuerzos por proteger a los caballos y los perros callejeros de Nueva York.

En aquellos días, los perros callejeros se capturaban, se encerraban en terribles condiciones y luego se les dormía de crueles maneras. La ciudad de Nueva York ofreció a la SAPCA el trabajo de administrar la perrera citadina, pero Henry Bergh se negó. Él quería cuidar y albergar a los perros, no eliminarlos como en la perrera.

Sin embargo, el sufrimiento de los animales a manos de los perreros y los cuidadores de las perreras fue una razón importante por la que otros grupos de protección animal empezaran a operar estos establecimientos. Creían poder manejarlos de una manera mucho más amable.

En 1869, la Sociedad para la Prevención de la Crueldad hacia los Animales de las Mujeres (SPCA) en Pensilvania abrió uno de los primeros refugios caninos de América. Fue la primera sociedad humanitaria en adquirir un contrato para operar una perrera, en 1872.

Sociedades humanitarias, de protección animal y grupos de rescate canino tienen miles de refugios en Estados Unidos y en todo el mundo. Se supone que los refugios deben ser lugares seguros para perros y otros animales. En ellos deberán recibir alojamiento y cuidado humanitario, y —si tienen suerte— los podrán recuperar sus dueños cuando los hayan perdido o adoptar en nuevos hogares.

Desafortunadamente, por largo tiempo, muchos refugios han puesto a dormir grandes cantidades de perros, igual que los operadores de perrera, pero eso finalmente está empezando a cambiar.

TRES CLASES DE REFUGIOS

Admisión abierta

Los refugios de admisión abierta tienen una política de puertas abiertas y aceptan cualquier perro o mas-

Todos merecen una familia que los ame.

PERRERAS

Quienes suelen dirigir las perreras (también llamadas centros de control animal o albergues públicos de animales) son el gobierno local, un individuo, una empresa o una organización contratados para ese propósito. Las perreras se han instalado para encerrar y eliminar perros no deseados, a menudo de la manera más fácil y barata. La mayoría tienen programas de adopción insuficientes, así que su índice de exterminio (número de perros que ponen a dormir) es muy alto.

Hueso enterrado

Una prueba de temperamento mide la agresividad de un perro probando sus reacciones a la gente, a otros perros, y a diferentes imágenes y sonidos. Busca conductas agresivas, de temor o de fuerte rechazo. Algunos perros son muy agresivos, potencialmente peligrosos, y quizás inadoptables, pero yo no siempre confío en las pruebas de temperamento, porque en un sitio no habitual, como los refugios, algunos perros que son amistosos pueden volverse agresivos por el miedo y fallar en la prueba. Cuando eso ocurre, su probabilidad de ser eliminados se incrementa.

cota que les llevan. Conservan a los perros de tres a siete días, a veces más tiempo, con la esperanza de que sus amos se presenten y los lleven a casa. Hay excelentes refugios de admisión abierta que trabajan duro para adoptar tantos animales como les sea posible.

No matar

Los refugios de no matar creen que los perros sanos y no agresivos no deberían ponerse a dormir, pero corren el riesgo de convertirse en almacenes de largo plazo donde los perros están confinados en jaulas repletas e insalubres, mientras rechazan perros muy necesitados. Donde ya existen, los refugios de no matar deberían ser lugares acogedores y amables que promuevan de manera enfática en sus comunidades la adopción de perros y que trabajen con grupos de rescate proporcionando cuidado temporal y programas de rehabilitación. Es preciso evitar que se vuelvan almacenes de perros.

Capturar y soltar

En países con gran población de perros callejeros sin amo como India, los refugios de capturar y soltar son comunes. Los perros callejeros se atrapan, se llevan a un refugio y se esterilizan para que no puedan reproducirse. Cuando se recuperan de la cirugía, son liberados en el lugar donde los recogieron.

Si se esterilizan suficientes perros de una zona, es posible que las poblaciones de perros sin amo puedan controlarse o incluso reducirse, especialmente si otras medidas se ponen en marcha al mismo tiempo, como restringir el acceso a la basura.

Los refugios de capturar y soltar también ayudan a perros que han sido atropellados o que están heridos, enfermos o hambrientos. Los empleados del refugio los recogen y los ponen en adopción o los entregan a organismos gubernamentales.

DEFENSORES DEL PERRO
Animal Aid en Udaipur

El refugio Animal Aid se creó cuando Erika y Jim Abrams, y su hija Claire se mudaron a India hace más de quince años y encontraron animales callejeros vagabundos, incluidos perros, burros y vacas, que comían basura. Nadie ayudaba a estos animales cuando lo necesitaban, de modo que los Abrams fundaron Animal Aid. En 2002 contrataron a su primer

EL PLATO

Los refugios de Winnipeg Humane Society y de Washington Animal Rescue League (WARL) están diseñados para la comodidad de los animales. A diferencia de los refugios del pasado, son lugares amigables e iluminados que resultan acogedores para los visitantes que desean adoptar una mascota. Tienen instalaciones médicas con la última tecnología y programas como paseo de perros, acicalamiento y, en WARL, terapeutas de masaje voluntarios que ayudan a los perros a tranquilizarse.

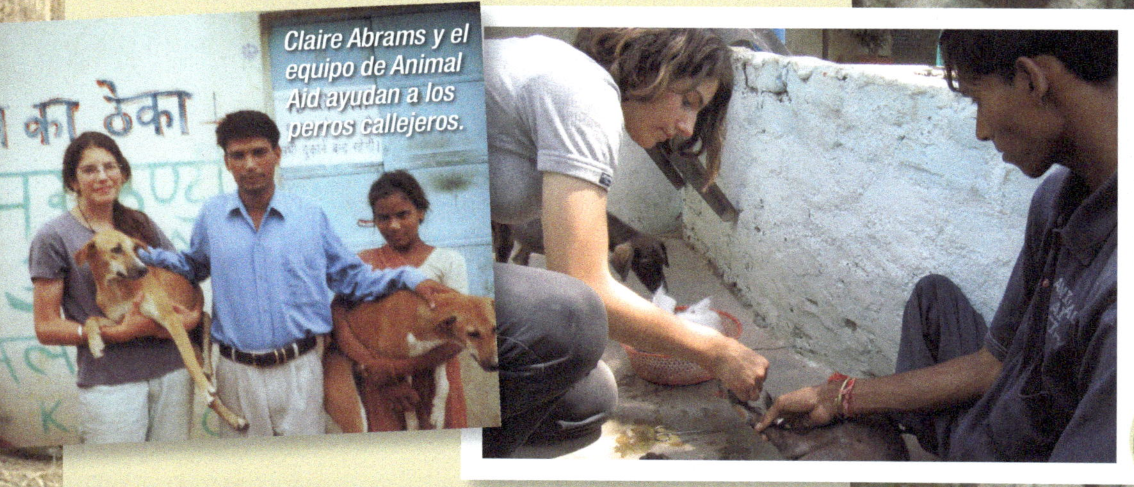

Cada año, millones de perros acaban en un refugio.

HUESO ENTERRADO

El objetivo de todo refugio debería ser que buenas personas adopten a los perros sin hogar y no ponerlos a dormir. El proceso de adopción requiere de mucho esfuerzo por parte de los refugios, pero se necesita más trabajo. El problema comienza con dueños irresponsables que abandonan a sus mascotas y sobrecargan las instalaciones. Los refugios requieren ayuda de voluntarios para pasear a los perros, acostumbrarlos a socializar y cuidarlos.

veterinario y en 2003 abrieron un hospital para animales. Desde entonces, Animal Aid ha crecido y ahora ocupa una propiedad de cuatro acres y tiene cuarenta empleados. Para 2010, había ayudado a 30 000 animales. Cuando visité Animal Aid en 2010, había unos doscientos perros en el refugio.

CUANDO LOS REFUGIOS NO SON LUGARES SEGUROS

Si el número de perros a los que se duerme en un refugio es alto, ese lugar no es seguro para ellos.

Los refugios deberían ser sitios cómodos para los perros. Cuando visité refugios en todo el mundo, conocí muchos que eran como prisiones, con pisos de concreto ásperos y fríos, paredes de ladrillos desnudos, ruidosas puertas de acero y poca iluminación. No eran amigables y estoy seguro de que muchos de los perros estaban tensos y asustados.

Éstos no deberían ser lugares sombríos y deprimentes donde los perros son tratados con aspereza, los alojan mal y los duerme de manera cruel cuando no los adoptan.

Para que los adoptadores deseen visitarlos, los refugios deberían ser luminosos, con gente agradable e instalaciones amigables para los perros.

DEFENSORES DEL PERRO
Arianne y Peter Melton: ayuda a refugiados

En 2006, cuando estaba en quinto grado, Arianne Melton, amante de animales desde siempre, decidió que había llegado el momento de ayudar, y fundó Help Shelter Animals Stay Happy (HSASH). En vacaciones inició una campaña con el fin de reunir suministros para un refugio local, y convenció a la Biblioteca Pública de Gresham de ser un centro de acopio. HSASH coloca contenedores de colecta en diversos lugares y acepta comida seca o húmeda, premios, juguetes, cajas transportadoras y otros artículos. En 2008, HSASH reunió casi 136 kg de suministros, y en 2009 incluso más. En la actualidad, Peter, el hermano menor de Arianne, la ayuda.

BUENOS REFUGIOS:

- Atienden las necesidades físicas, mentales y conductuales de los perros.
- Esterilizan a todos los animales antes de que dejen el refugio.
- Proporcionan a todos los animales atención médica.
- Examinan de manera cuidadosa a los adoptadores interesados mediante un proceso de solicitud y una entrevista.
- Brindan a los adoptadores ayuda y apoyo.
- Generan programas dirigidos a la comunidad que promueven adopciones y ponen a los perros al alcance de la gente.
- Permanecen abiertos cuando la gente los necesita, especialmente en las noches y los fines de semana.
- Hacen de los refugios sitios amistosos y acogedores.
- Cooperan con otros grupos de rescate y protección para reubicar perros.
- Trabajan duro para reducir el número de perros que se pone a dormir.
- Apoyan reformas legales y otras medidas en favor de los perros.

Arianne y Peter Melton colectan comida para los perros del refugio.

Dan a los perros confort y cosas que hacer.

LOS PERROS SIN HOGAR TE NECESITAN

Relaciones felices que benefician a los niños y a los perros.

Es importante elegir al perro adecuado.

¿POR QUÉ ADOPTAR?

Con tantos perros que necesitan un hogar, hay muchos para escoger. Algunas personas eligen adoptar de un refugio local o grupo de rescate, mientras que otras buscan en los anuncios de periódico y de Internet.

La mayoría de los grupos de protección animal aconsejan adoptar y no comprar. Hay una buena razón para ello: cuando adoptas un perro, salvas una vida que de otro modo podría ser destruida.

Cualquiera que busque una raza canina específica debería saber que una parte considerable de los perros de refugio son de pura sangre, y muchos grupos de rescate canino trabajan con razas específicas. El sitio de Internet www.petfinder.com es la mayor base de datos mundial de animales que necesitan hogar y es un excelente sitio para encontrar un perro. Está vinculada con refugios e incluye decenas de miles de perros adoptables de todas las razas.

Incluso es posible adoptar perros de trabajo retirados, como perros militares que han servido en zonas de guerra.

CÓMO ADOPTAR

Antes de adoptar tienes que hacerte algunas preguntas muy importantes: ¿puedes cubrir las necesidades de un perro? ¿Todos los miembros de tu familia quieren un perro? ¿Quién lo cuidará? ¿Se quedará solo por mucho tiempo? ¿Vives en casa o en departamento? ¿Puedes pagar las vacunas y las cuentas del veterinario? Éstas son sólo algunas de las preguntas que deberían considerarse antes de iniciar la búsqueda de un perro.

Haz tu tarea

Los perros tienen muchas necesidades que varían de raza en raza, así que es muy importante que hagas tu tarea antes de ponerte a buscar uno. Podrás adquirir valiosa información sobre razas específicas en los libros, en Internet y con gente que trabaja en refugios o en grupos de protección animal. Sabrás acerca de su conducta y su personalidad, qué tanto ejercicio requieren, cuánto comen y otros conocimientos útiles. Los veterinarios podrán informarte de los posibles problemas de salud asociados a ciertas razas caninas.

Tal vez toda la información que recabes te convenza de que no es el momento de adoptar un perro. Eso está bien. Si por ahora no puedes cubrir sus necesidades, lo mejor es esperar. Pero si de todos modos quieres uno, utiliza esa información para decidir cuál te conviene.

PERROS EN ADOPCIÓN EN TODO EL MUNDO

No importa dónde vivas, en todo el mundo hay perros que necesitan buenos hogares. He visitado refugios en China, Japón, India y muchos otros países, y todos alojaban maravillosos perros de todas clases que necesitaban hogares amorosos. También hay grupos de rescate que ayudan a adoptar cualquier tipo de perro, incluso perros de zonas de guerra.

Adoptar un perro es salvar una vida.

CASA A PRUEBA DE CACHORROS

A los cachorros les gusta explorar, tienen mucha energía y se meten donde sea. También les gusta masticar cosas, así que muebles, cortinas, plantas, discos, libros y hasta el control remoto de la televisión pueden terminar dañados si los dejas a su alcance. Guarda los objetos valiosos y todo lo que pudiera representar un peligro para el cachorro como cables eléctricos, productos químicos, además de bolsas de plástico y juguetes, que pueden ser peligrosos si los tragan. Enseñarle a tu cachorro dónde hacer sus necesidades puede ser otro reto. Habrá unos cuantos accidentes, así que tenle paciencia hasta que aprenda cuál es el lugar adecuado. Los cachorros también son hábiles para escabullirse en áreas pequeñas; asegúrate de que las cercas no tengan huecos o espacio por abajo que les permitan escapar.

Elige el perro adecuado

El border collie, el terrier jack russell y el husky siberiano son perros con mucha energía y que necesitan gran actividad y ejercicio, de modo que si tú no acostumbras salir, quizá no sean una buena elección. Si buscas un perro que salga a correr contigo todos los días, no querrás un bulldog ni un basset hound. Si vives en un departamento pequeño, no deberías adoptar un perro grande como el san Bernardo o el gran danés. Tu perro debería poder adaptarse a tu estilo de vida, tu nivel de energía y el lugar donde vives.

También tienes que pensar si deseas un adulto o un cachorro, si lo quieres con pelo corto o pelo largo, etcétera. Tener un perro significa una gran responsabilidad y mucho trabajo, y algunos dan más trabajo que otros.

Conózcanse

Cuando encuentres un perro que desees adoptar, pasa un tiempo con él y no sólo unos minutos. Quédate con él una hora o dos, para que veas realmente cómo es, quizá puedas sacarlo a pasear. Algunos refugios tienen espacios donde puedes reunirte a solas con el perro. Si piensas adoptar uno que alguien esté regalando, convive con él en su casa y patio, y pregunta todo lo que desees saber del perro. Los miembros de tu familia también deberían conocer al perro antes de que decidas llevarlo a casa.

Proceso de solicitud

La mayoría de los refugios requiere que los adoptadores llenen una solicitud y respondan una serie de preguntas. Querrán saber dónde vivirá el perro, quién lo sacará a pasear, si hay otros animales en la casa, cuánto tiempo estará solo el perro, entre otras cuestiones. Deben asegurarse de que no se entregan perros a casas donde no los cuidarán. Esas entrevistas también son una buena ocasión para hacer las preguntas que puedas tener.

Tu solicitud se revisará y, si todo sale bien y la aprueban, deberás pagar una cuota de adopción. Las organizaciones de rescate legales requieren que los adoptadores potenciales sigan un procedimiento muy similar.

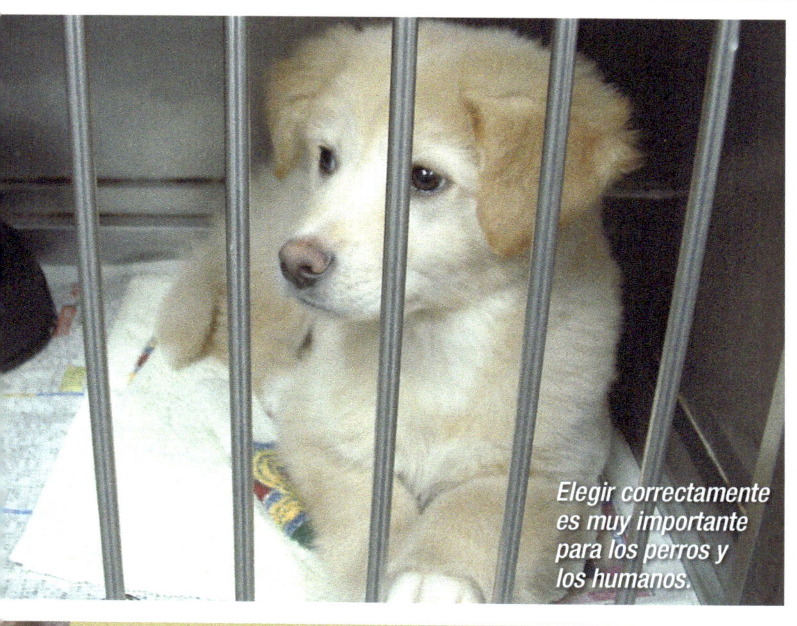

Elegir correctamente es muy importante para los perros y los humanos.

HUESO ENTERRADO

Un caja es una perrera portátil hecha de metal o plástico. Mucha gente confina a los cachorros en cajas durante un tiempo, mientras los educan. Pero también a los adultos, especialmente a los que mastican muebles o artículos caseros, se les encierra en cajas y a veces por periodos largos. Cuando los perros están en una caja sienten tedio, frustración y soledad, y en muchos sentidos es peor que estar encadenado afuera. Si alguien piensa que un perro debe encerrarse a menudo, necesita volverse un mejor amo o encontrar un nuevo hogar para su perro.

R. J. Bailot ayudando a
un perro de la reserva.

Trudy Sattler consolando
a un amigo necesitado.

Cachorros rescatados
de un basurero.

DEFENSORES DEL PERRO
R. J. y Trudy: perros en reservas

En Alberta, Canadá, R. J. Bailot y Trudy Sattler vieron la necesidad de ayudar a los perros abandonados en comunidades de las naciones originarias. Pusieron manos a la obra y expandieron su proyecto mediante una red de gente y grupos de rescate. Desde que empezaron, cientos de perros han recibido atención médica, han sido esterilizados o reubicados, y se han transportado a muchos de ellos a pueblos y ciudades más grandes, donde hay un mayor número de adoptadores potenciales.

El nuevo amigo de R. J.
pronto tendrá una nueva vida.

DEFENSORES EN EL MUNDO

Ahora mismo, en pueblos y ciudades alrededor del mundo, miles de personas trabajan para ayudar a los perros. Yo las llamo defensores del perro. Puede tratarse de un individuo que ayuda a un perro, o pueden ser grupos de personas que ayudan a cientos o incluso a miles de ellos. Los defensores del perro muestran que la compasión, la dedicación y el esfuerzo pueden hacer del mundo un sitio más amable con los perros.

RESCATISTAS CANINOS

Hay incontables grupos de rescate que tratan de ayudar a los perros. Algunos tienen sus propios refugios, pero la mayoría de los rescates depende de que miembros y simpatizantes proporcionen alojamiento provisional. Esta gente se lleva temporalmente a los perros a su casa y les proporciona todo lo que necesitan hasta que alguien los adopta.

Si bien gente buena y dedicada opera la mayoría de las organizaciones de rescate, hay sitios donde no se trata con cuidado a los animales. ¿Cómo

Eddie era un perro criado para consumo humano.

Ahora, Eddie es feliz, amado y el embajador del programa Dr. Dog.

puedes saber cuando un rescate es genuino? Verifica que el grupo esté registrado como organización caritativa o no lucrativa. Asegúrate de que el personal esté bien informado acerca de las razas que cuida. Siempre deben entrevistar a todos los adoptadores, solicitarles que llenen un cuestionario e inspeccionar su casa antes de entregarles un perro. Asimismo, cada adoptador debería firmar un contrato donde se resuman sus expectativas y responsabilidades.

Si el grupo tiene un refugio, haz una cita para asegurarte de que sea adecuado y limpio, y de que todos los perros se vean saludables y felices. Comprueba que se cuenta con cuidado veterinario, que los historiales médicos estén disponibles, y que se esterilice a los perros antes de darlos en adopción.

Hay rescatistas especializados que salvan a los perros de las zonas de guerra, las áreas de desastre, las regiones afectadas por la pobreza, e incluso de comunidades remotas carentes de servicios de atención animal.

DEFENSORES DEL PERRO
Animals Asia y Dr. Dog

Eddie estaba muy flaco, cubierto de heridas y encerrado en una jaula herrumbrosa. Era un perro criado para el consumo humano que lamía la mano a quien se le acercaba para darle un poco de consuelo. Cuando Jill Robinson, fundadora de Animals Asia Foundation, vio a Eddie por primera vez, se sintió impotente, pero estaba decidida a hacer algo, así que lo rescató.

En Hong Kong, Eddie no tardó en convertirse en orgulloso embajador de Dr. Dog, un notable programa de terapia animal que ayuda a cambiar las ideas de la gente sobre los perros y otros animales. Tras aparecer en revistas y periódicos, Eddie se volvió una estrella local e internacional que figuró incluso en *Talk Asia* de CNN y en *Perros de trabajo*, de National Geographic. Ahora, Eddie es narrador y estrella de la película: *Dr. Eddie: Friend or Food?* (Dr. Eddie: ¿amigo o alimento?).

Lo más importante de todo es que Eddie está demostrando por qué los perros y gatos son nuestros amigos y no comida.

UNA DIVERSIDAD DE DEFENSORES

Los defensores del perro pueden tener ocho años de edad u ochenta. Espero que las historias de estos defensores, tanto niños como adultos, te inspiren a actuar hoy mismo.

Cuando Mónica Plumb, de diez años, descubrió que las máscaras de oxígeno usadas para revivir a la

AYUDAR A PERROS RUMANOS

Cuando en 2001 Nancy James viajó por primera vez a Rumania en unas vacaciones de excursionismo, encontró perros sin hogar que vagaban en las calles y en el campo. Muchos eran víctimas de maltrato. Al regresar a su casa, en California, Nancy tomó medidas para iniciar Romania Animal Rescue (RAR). Desde entonces, RAR ha patrocinado la esterilización de más de 8700 perros, dado en adopción más de trescientos perros de todas las edades y ayudado a muchos refugios locales.

Mónica Plumb se dedica a salvar animales que inhalaron humo.

La página de Internet de Mónica brinda esperanza a cientos de animales.

gente víctima de inhalación de humo no funcionan muy bien para perros, gatos y otros animales, decidió reunir dinero para comprar máscaras diseñadas para el rescate y la resucitación de mascotas. Las máscaras de uso veterinario son baratas, reutilizables y resistentes. Lo mejor de todo es que sirven para casi cualquier animal, desde reptiles hasta perros grandes. Para correr la voz, Mónica creó su sitio *web*: www.petmask.com. Hasta ahora sus esfuerzos han dado como resultado la donación de más de trescientas máscaras de oxígeno a los servicios de bomberos y de emergencia en Virginia y otros lugares de Estados Unidos.

Mimi Ausland, de once años, quería ayudar a alimentar a los animales de su refugio local. El 1 de abril de 2008 lanzó el sitio www.freekibble.com, y el 1 de junio del mismo año, www.freekibblekat.com. Durante el primer mes, donó 108 kg de croquetas a la Sociedad Humanitaria de Oregón Central. Animada por su éxito, Mimi perseveró y www.freekibble.com ha llegado a ser uno de los sitios de rescate animal más visitados en el mundo. Los esfuerzos de Mimi también condujeron al establecimiento de la fundación Freekibble.com, cuyo propósito es reunir dinero para niños que quieren ayudar a los refugios en sus propias zonas.

Achala Paani es la joven fundadora de Let's Live Together, un grupo que ayuda a los perros en Bangalore, India. Durante los últimos diez años, Achala ha colocado un millar de cachorros sin hogar en buenos hogares mediante la organización de campos de adopción y programas de concientización, y la instalación de módulos de información en reuniones públicas en todo Bangalore. Fotógrafa entusiasta, Achala ha tomado miles de fotos de los perros callejeros de India (incluida la que figura en la portada de este libro), muchas de las cuales se han usado en campañas de protección canina. En 2010, Achala recibió el prestigioso Young Achiever Award por su labor de protección canina.

Theresa Edwards, de trece años, quedó tan impactada por lo que leyó acerca de los cachorros de fábrica en su estado natal de Washington, que buscó la ayuda de su amiga Audrey Long, y empezaron a escribir cartas a sus representantes estatales para hablarles del problema de las fábricas y pedirles que promulgaran una ley que impusiera altas normas de cuidado animal a los criadores. En 2008, la senadora Jeanne Kohl-Welles informó a las chicas que estaba proponiendo un proyecto de ley para proteger a los compradores de animales enfermos, así que ellas decidieron apoyar el proyecto como un primer paso para ocuparse de las fábricas de

La fundadora de Let's Live Together ha dado un hogar a más de mil perros callejeros.

Theresa Edwards y Audrey Long, creadoras de Project Puppy Mills.

La campaña de Audrey y Teresa para una nueva ley fue exitosa.

ORGANIZACIONES DEFENSORAS DEL PERRO

Asia: Compassion Unlimited Plus Action, Blue Cross, Welfare of Stray Dogs (WSD), Bali Street Dog Fund, Pet100, Animals Asia.

Reino Unido: Dogs Trust, Battersea Dog's Home, Real Sociedad para la Prevención de la Crueldad con los Animales (RSPCA), Sociedad Mundial para la Protección de los Animales (WSPA).

Estados Unidos: Personas por la Ética en el Trato de los Animales (PETA), North Shore Animal League America, Humane Society of the United States (HSUS), Sociedad Americana para la Prevención de la Crueldad con los Animales (ASPCA), Veterinarians Without Borders.

cachorros. Theresa y Audrey fueron a la capital del estado para dirigir un discurso a los legisladores, pero la propuesta no se aprobó. Mas no desistieron. Escribieron más cartas y el siguiente año la senadora Kohl-Welles presentó un nuevo proyecto, esta vez enfocado más a la protección animal de los cachorros de fábrica. Theresa y Audrey hicieron campaña en favor de la nueva propuesta escribiendo y hablando con cada miembro de los comités estatal y senatorial que debían aprobarla. Su labor fructificó: la propuesta se aprobó y se firmó como ley en abril de 2009.

En 2000, cuando Stacey Hillman tenía sólo diez años, leyó que los perros policía carecían de protección. Al parecer, las fuerzas policiales no podían adquirir chalecos a prueba de balas y resistentes a puñaladas para sus perros. Stacey decidió hacer algo. Fue a su departamento de policía local a solicitar permiso de recolectar dinero para comprar los chalecos, y le dijeron que sí. Con botellas vacías, Stacey hizo contenedores para recolectar los donativos y los puso en oficinas veterinarias y en otros lugares donde pudiera haber gente interesada en los animales. Empezó a dar entrevistas en la televisión y en los periódicos, y se le invitó a hablar ante grupos escolares. En poco tiempo su proyecto Pennies to Protect Police Dogs se convirtió en una organización oficial de caridad. Hasta ahora, el grupo ha recolectado más de un cuarto de millón de dólares y ha provisto a cientos de perros policía de chalecos protectores.

"Nada más éntrale", dice Maddie Lafferty, quinceañera compasiva que deseaba apoyar en su comunidad. Cuando se enteró del grupo de rescate Senior Dogs for Seniors decidió que era una gran oportunidad de ayudar tanto a la gente como a los animales. Como voluntaria, Maddie pasea, juega y socializa con los perros de rescate para mantenerlos sanos y felices. También trabaja los fines de semana en eventos de adopción y ha sido responsable de colocar varios perros en hogares amorosos; además, realiza visitas posteriores para asegurarse de que están bien. La joven disfruta ver a los perros cuando entran en sus nuevos hogares "llenos de vida y de amor para sus nuevas familias". Su consejo para otros jóvenes deseosos de ayudar es: "Éntrale. No hay nada que perder. Inicia una campaña de donativos, pasea a los perros, ve a un centro y pregunta qué asistencia necesitan. Cualquier acción ayuda". ¡Es un gran consejo, Maddie!

Desde que sus padres fundaron Animal Aid, un refugio de perros callejeros en la India, Claire Abrams, de trece años, estuvo allí para ayudarlos. Pronto se hizo experta en trato humanitario de perros y

Maddie Lafferty y uno de sus amigos del refugio.

"Éntrale. No hay nada que perder". Un buen consejo de Maddie.

Clara Abrams enseña a los niños de una escuela local los cuidados adecuados para un perro.

SÉ DEFENSOR DE TU PERRO

Los perros que a diario se quedan solos en casa pueden sentirse aburridos, frustrados y solos. Pasarán la vida durmiendo o esperando el regreso de sus amos. En un entorno más natural, los perros estarían con su jauría o familia. Prueba una guardería canina o haz otros arreglos para asegurar que tu perro no esté solo demasiado tiempo. Sé un defensor del perro para tu propia mascota.

enseñó a los habitantes locales las técnicas que había aprendido. Introdujo y entrenó personal del refugio en cuidado animal básico: cómo proporcionar el calor adecuado, cómo manejar la comida, la mejor manera de lavar con champú a perros callejeros nerviosos y cómo pasear perros con correa. A través de los años, Claire continuó su trabajo y ahora también ayuda a crear conciencia sobre otros temas relacionados con animales. Los perros son afortunados de tener amigos como Claire.

Hay defensores de perros en todo el mundo, muchos más de los que pueden mencionarse. Apuesto a que hay algunos en tu localidad. Son personas comunes, de todas las edades y con diferentes historias que conocieron algún perro necesitado y decidieron actuar. Tú puedes hacer lo mismo. Si ayudas al menos a un perro abandonado, maltratado o no deseado, ¡también serás un defensor del perro!

DEFENSORES DEL PERRO
Animals Advocates Club: abogando por la adopción, caso por caso

Estudiantes de la Escuela Secundaria del Área Medford en Wisconsin que son miembros de Animals Advocates Club han urgido a los miembros de la comunidad a apoyar su refugio animal local y a esterilizar a sus mascotas. El grupo se inició después del horario de clases con sólo ocho miembros, pero ha crecido a más de cuarenta, y sigue fortaleciéndose. Cada miembro es emparejado con un animal sin hogar para ayudar a que lo adopten. Los estudiantes conocen a su perro o su gato asignado, preparan su perfil, y se toman una fotografía con él. Con esta información se anuncia al animal en el diario local. El grupo ha tenido un efecto muy positivo en Medford y muestra lo que puede hacerse cuando un grupo de estudiantes con ideas similares se une para ayudar a los animales.

BOBBY DE GREYFRIARS

Bobby, un pequeño skye terrier, era fiel compañero de John Gray, un velador que trabajaba para el departamento de policía en Edimburgo, Escocia. En febrero de 1858, Gray murió y fue sepultado en un cementerio en la parte vieja de la ciudad, el Cementerio Greyfriars. Durante los catorce años siguientes, Bobby se quedó cerca de la tumba de John Gray, hasta que falleció en 1872. Bobby tenía dieciséis años. Una estatua suya se colocó cerca de la tumba de John Gray. Podemos aprender mucho de la relación entre Bobby y John Gray. Si tratas a los perros con amabilidad, compasión y afecto, te corresponderán de igual manera o incluso con más.

The Animal Advocates Club ha hecho una gran labor por los perros de su comunidad.

JURAMENTO DEL AMANTE DE LOS PERROS

1 Trataré a todos los perros con respeto, compasión y amabilidad.

2 Satisfaré plenamente las necesidades físicas, psicológicas y sociales de los perros que me acompañen en la vida.

3 Esterilizaré a mi amigo perro.

4 No mutilaré a mi perro mediante cirugías innecesarias.

5 Jamás molestaré, descuidaré ni golpearé a un perro, ni tampoco abusaré de él.

6 Adoptaré un perro de una perrera o un refugio.

7 Contactaré a un grupo de rescate de razas específicas si quiero adoptar un perro pura sangre.

8 No apoyaré actividades de entretenimiento en las que se abusen de los perros.

9 Hablaré en favor de los perros en mi escuela y mi comunidad.

10 Trabajaré en favor de la promulgación de leyes que protejan a los perros.

11 Apoyaré organizaciones que trabajan para proteger a los perros.

GLOSARIO

abogar
Hablar en favor de alguien
o de algo.

animal doméstico
Animal que pertenece a especies
acostumbradas a la convivencia
con el ser humano.

daño psicológico
Daño mental o emocional
que afecta el comportamiento
de manera negativa.

defensor
Alguien que defiende, protege
o apoya la causa de otro.

destete
Cuando un animal deja de
alimentarse de leche materna.

desvocalización canina
Cirugía mediante la cual se extrae
parte de las cuerdas vocales
del perro para impedirle ladrar
de manera permanente.

embajador
Representante o mensajero, ya
sea oficial o no oficial, de alguna
organización o causa importante.

especie
Clasificación de los organismos
o animales que comparten las
mismas características. La especie
se subdivide a veces en variedades
o razas.

esterilización
Procedimiento quirúrgico para
evitar que un animal pueda
reproducirse. Consiste en la
extirpación de los testículos en
los machos, y de los ovarios,
oviductos y útero en las hembras.

fábrica de cachorros
Empresa que se dedica a la cría
de cachorros para su venta
y que no se preocupa por el
bienestar de los animales.

glaucoma
Enfermedad de los ojos
caracterizada por el aumento
de la presión intraocular, dureza
del globo del ojo y ceguera.

hereditario
Algo que se transmite de los
progenitores a su descendencia.

humanitario
Que es amable, compasivo
y que evita infligir dolor.

**Legislación Específica
por Raza (LER)**
Leyes que restringen o prohíben
ciertas razas caninas.

**modificación
de la conducta**
Cambio de una conducta
considerada como indeseable
por medio de terapias que a
menudo emplean un sistema de
reforzadores, ya sean recompensas
o castigos.

naciones originarias
Comunidades o pueblos indígenas
de Canadá.

país desarrollado
País con un alto nivel económico,
tecnológico, industrial y humano.

parásito
Organismo animal o vegetal que
vive a costa de otro de distinta
especie, alimentándose de
él y que puede causarle
enfermedades y malnutrición.

perfil
Conjunto de rasgos peculiares
que caracterizan a alguien o algo.
Cuando se elabora el perfil de un
animal en adopción, se incluye
información acerca de su salud y
comportamiento.

perrera
Es el sitio o lugar donde se guardan
o encierran los perros.

perro callejero
Perro sin hogar ni dueño y que
vaga libre; suelen ser animales
desnutridos, enfermos y, en
ocasiones, maltratados.

perro paria
Tipo de perro callejero que es
considerado de una raza antigua,
común en distintas partes del
mundo, especialmente en Asia.

perro sin amo
Un perro que vive en total libertad
sin el control de un amo.

perros de la ciencia
Perros que se utilizan en
experimentos de instituciones
de investigación, de análisis
y de enseñanza, a menudo
se les somete a intervenciones
quirúrgicas o experimentos
doloroso.

perros híbridos
Descendencia de dos perros
de razas diferentes o entre un
perro y un lobo domesticado.

predador
Dicho de un animal que, en estado
natural, mata a otros de distinta
especie para alimentarse de ellos.

raza pura
Un animal con genealogía
registrada, cuyos padres son
de la misma raza y familia.

**refugio de admisión
abierta**
Lugar con políticas de puertas
abiertas que aceptan tanto
mascotas sanas y adoptables
como enfermas o no tratables
que posiblemente deban ser
sacrificadas.

**refugio de capturar
y soltar**
Refugio para animales callejeros
cuyo objetivo es capturarlos
y esterilizarlos para que no se
reproduzcan. Una vez que
se recuperan de la cirugía,
son liberarlos en el lugar donde
los recogieron.

refugio de no matar
Lugar cuyo objetivo es brindar
cuidado temporal a animales
sanos y promover su adopción.

rehabilitación
Proceso que tienen como finalidad
recuperar la buena salud o el buen
comportamiento de un animal
o individuo a partir de terapia
y atención médica.

requisa de perrera
Práctica que algunas instituciones
científicas realizan en la perreras
para obtener perros o gatos
y realizar con ellos experimentos
e investigación médica.

socializar
Hacer sociable a un animal
y prepararlo para la convivencia
con los seres humanos.

sociedad humanitaria
Una organización para la protección
y el trato humanitario de los
animales, especialmente de
los que no tienen hogar, están
enfermos o sufrieron abuso.

territorial
Término que se emplea para
describir al animal que reclama
y defiende un espacio como
si fuera de su propiedad.

SITIOS DE INTERNET

American SPCA (en inglés)
www.aspca.org

Animal Aid Unlimited
(en inglés)
www.animalaidunlimited.com

**Animal Alliance of Canada
(Project Jessie)** (en inglés)
www.projectjessie.ca

AnimaNaturalis
www.animanaturalis.org

Bali Street Dog Fund (en inglés)
www.balistreetdogs.org.au

Beagle Freedom Project
(en inglés)
www.beaglefreedomproject.org

Best Friends Animal Society
(en inglés)
www.bestfriends.org

British Columbia SPCA (en inglés)
www.spca.bc.ca

**Canadian Federation of
Humane Societies** (en inglés)
www.cfhs.ca,
www.FindingFido.ca

Detroit Dog Rescue (en inglés)
www.detroitdogrescue.com

Dogs Deserve Better (en inglés)
www.dogsdeservebetter.org

Ética Animal
www.animal-ethics.org/es

FreeKibble (en inglés)
www.freekibble.com

**Fondo Internacional para
el Bienestar de los Animales**
http://www.ifaw.org/espanol

**Fundación Animals Asia
(Dr. Dog)** (en inglés)
www.animalsasia.org

**Gente por la Defensa
Animal, A. C.**
www.gepda.org

Greyhound Protection League
(en inglés)
www.greyhounds.org

Habitat for Hounds (en inglés)
www.habitatforhounds.com

**Help Shelter Animals Stay
Happy** (en inglés)
www.hsash.yolasite.com

Igualdad Animal
www.igualdadanimal.org

**International Fund for Animal
Welfare**
www.ifaw.org/espanol

Let's Live Together (en inglés)
letslivetogether.wordpress.com

**Liga Defensora
de Animales, A. C.**
www.ldanimales.org

Milagros Caninos, A. C.
www.milagroscaninos.org

**North Shore Animal League
America** (en inglés)
www.animalleague.org

**People for the Ethical
Treatment of Animals** (PETA)
www.petalatino.com

PetMask.com (en inglés)
www.petmask.com

Project Puppy Mills (en inglés)
www.projectpuppymills.kk5.org

**Protectora Nacional
de Animales, A. C.**
www.pnamexico.com

Rescate Animal
www.somosrescateanimal.org

**Sociedad Humanitaria de
los Estados Unidos** (en inglés)
www.humanesociety.org

**Sociedad Mundial para la
Protección de los Animales**
www. worldanimalprotection.cr

The Welfare of Stray Dogs
(en inglés)
www.wsdindia.org

Unchain Your Dog (en inglés)
www.unchainyourdog.org

AGRADECIMIENTOS

Quiero agradecer a todos los individuos asombrosos y a las organizaciones de todo el mundo que trabajan para mejorar la vida de los perros; sus esfuerzos son realmente inspiradores. También quiero agradecer a todas las personas que ayudaron en la elaboración de este libro. Estoy muy agradecido por su colaboración y apoyo. Y al final, pero no por ello menos importante, quiero agradecer a los perros: animales de verdad maravillosos que merecen nuestra compasión y respeto. Espero que este libro constituya una parte importante en la construcción de una mejor realidad para ellos.

CRÉDITOS DE LAS IMÁGENES

Portada: dos perros, Jo-Anne McArthur, weanimals.org; madera pintada, Shutterstock, ©Bryan Sikora; página 1: niño que abraza un perro, Shutterstock, ©Julija Sapic; página 2: imagen de fondo, Shutterstock, ©Granite; página 5: perro entre escombros tras un terremoto, Achala Paani, www.letslivetogether.wordpress.com; página 6: perro entre escombros tras un terremoto, Achala Paani, www.letslivetogether.wordpress.com; página 8: parque (imagen de fondo), Shutterstock, ©jetsetmodels; bloodhound, Shutterstock, Laurie Lindstrom; página 10: cobradores dorados, Shutterstock, ©Deniss Dronin (Grafix Design); teckel que corre, Shutterstock, ©Anna Hudorozkova; perro en perrera, Shutterstock, ©Colton Stiffler; página 11: pastor alemán que bebe agua, Shutterstock, ©Nikolai Tsvetkov; niña que baña un perro, Shutterstock, ©Cheryl Casey; página 13: perro callejero (imagen de fondo), Shutterstock, ©Poprugin Aleksey; perro rescatado, Jo-Anne McArthur, weanimals.org; página 14: fábrica de cachorros 1, fábrica de cachorros 2, fábrica de cachorros, HSI, Canadá; página 15: jaulas de una fábrica de cachorros, jaula de una fábrica de cachorros, cachorro enjaulado, HSI, Canadá; página 16: cachorros lactantes, Shutterstock, ©vikiri; cachorros bernés de montaña, Shutterstock, ©Waldemar Dabrowski; página 17: criador con cachorros, Shutterstock, ©Malota; página 19: perro entre escombros tras un terremoto 3 (imagen de fondo), perro callejero, Achala Paani, www.letslivetogether.wordpress.com; página 21: Ayna Agarwal, www.spotglobally.org; perro paria, Nina Muller; página 22: carrera de galgos (imagen de fondo), Hedser van Brug, Shutterstock.com; perro policía del aeropuerto, Shutterstock, ©Monika Wisniewska; página 23: carrera de galgos, Greyhound Protection League; carrera de galgos 2, galgo con bozal, Jo-Anne McArthur, weanimals.org; página 24: galgo enjaulado, Jo-Anne McArthur, weanimals.org; galgo, Shutterstock, ©mikeledray; página 25: perros de trineo, Shutterstock, ©MilousSK; perros de trineo encadenados, Ashley Keith; página 26: beagle, Shutterstock, ©Jagodka; página 28: tierra seca agrietada (imagen de fondo), Shutterstock, ©Olga Lipatova; página 31: niño que pasea un perro, Shutterstock, ©Dmitry Naumov; valla de madera, Shutterstock, ©Sergej Razvodovskij; página 33: gran danés, Shutterstock, ©s-eyerkaufer; página 34: dóberman, Shutterstock, ©gillmar; bóxer, Shutterstock, ©AnetaPics; página 36: perro agresivo, Shutterstock, ©Galen D.; página 37: pit bull, Shutterstock, ©Alex Galea; página 39: fotografías de Graffiti Doghouse Build, Habitat for Hounds; página 40: perro solitario, Shutterstock, ©Ragne Kabanova; página 43: personal de Animal Aid, Animal Aid, Udaipur; página 44: un buen refugio, cortesía de Winnipeg Humane Society; página 45: fotografías de Arianne y Peter Melton, www.hsash.org; página 46: perro triste (imagen de fondo), Shutterstock, ©joyfull; página 51: beagle que corre, Shutterstock, ©OneToRemember; página 52: fotografías de Eddie, fundación Animals Asia; página 53: Mónica Plumb, PetMask.com; página 54: Mónica Plumb, PetMask.com; página 55: Achala Paani, www.letslivetogether.wordpress.com; fotografías de Theresa Edwards y Audrey Long, www.ProjectPuppyMills.kk5.org; página 58: Claire Abrams, Animal Aid, Udaipur; página 59: miembros de Animal Advocates Club, Animal Advocates Club; página 60: chica que besa un perro, Shutterstock, ©Jack Z Young.

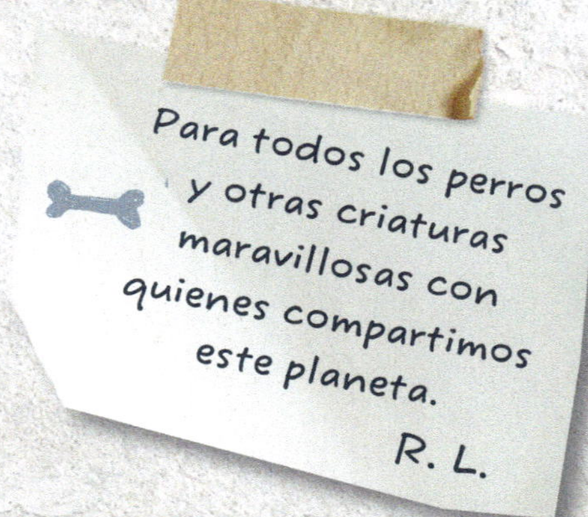

loqueleo®

SIN REFUGIO
Título original: *No Shelter Here: Making the World a Kinder Place for Dogs*
D.R. © del texto: Rob Laidlaw, 2011
Publicado originalmente por Pajama Press, Toronto, Canadá.
D.R. © de la traducción: Juan Tovar, 2015

D.R. © Editorial Santillana, S.A. de C.V., 2016
    Av. Río Mixcoac 274, piso 4
    Col. Acacias, México, D.F., 03240

Esta edición: Publicada bajo acuerdo con
Grupo Santillana en 2019 por
Vista Higher Learning, Inc.
500 Boylston Street, Suite 620.
Boston, MA 02116-3736
www.vistahigherlearning.com
www.loqueleo.com/us

ISBN: 978-607-01-2997-1

Published in the United States of America.
3 4 5 6 7 8 9 GP 24 23 22